Diário de Oração

Copyright © 2013 by the Mary Flannery O'Connor Charitable Trust
Copyright da introdução © 2013 by W. A. Sessions
Todos os direitos reservados.
Copyright da edição brasileira © 2023 É Realizações
Título original: *A Prayer Journal*

Editor
Edson Manoel de Oliveira Filho

Produção editorial
É Realizações Editora

Projeto gráfico e diagramação
André Cavalcante Gimenez

Capa
Daniel Justi

Preparação de texto
Marta Almeida de Sá

Revisão
Juliana Amato

Reservados todos os direitos desta obra. Proibida toda e qualquer reprodução desta edição por qualquer meio ou forma, seja eletrônica ou mecânica, fotocópia, gravação ou qualquer outro meio de reprodução, sem permissão expressa do editor.

CIP-BRASIL. CATALOGAÇÃO NA PUBLICAÇÃO
SINDICATO NACIONAL DOS EDITORES DE LIVROS, RJ

O18d

O'Connor, Flannery, 1925-1964
Diário de oração / Flannery O'Connor ; tradução e prefácio Hugo Langone. – 1. ed. – São Paulo : É Realizações, 2023.
120 p. ; 19 cm.

Tradução de: A prayer journal
Apêndice
ISBN 978-85-8033-409-8

1. Igreja Católica – Orações e devoções. 2. Devoções diárias. 3. Vida espiritual. I. Langone, Hugo. II. Título.

23-84693   CDD: 242.8
                                  CDU: 27-583

Meri Gleice Rodrigues de Souza – Bibliotecária – CRB-7/6439
26/06/2023   29/06/2023

É Realizações Editora, Livraria e Distribuidora Ltda.
Rua França Pinto, 498 · São Paulo SP · 04016-002
Telefone: (55 11) 5572 5363
atendimento@erealizacoes.com.br · www.erealizacoes.com.br

Este livro foi impresso pela Gráfica Paym em agosto de 2023. Os tipos são da família Pensum Pro. O papel do miolo é o Luxcream LD 80 g., e o da capa, cartão Ningbo CS1 250 g.

Flannery O'Connor

Diário de Oração

Tradução e prefácio de
Hugo Langone

Sumário

"Levo meu desejo morto ao seu lugar":
o *Diário* de Flannery O'Connor,
    por Hugo Langone..7

Introdução,
    por W. A. Sessions 13

Nota do tradutor..19

Diário de Oração...21

Fac-símile...63

# "Levo meu desejo morto ao seu lugar": o *Diário* de Flannery O'Connor, por Hugo Langone

Uma senhora tagarela, assaz intrometida, torna desagradável uma viagem em família e, como resultado de um capricho seu, faz essa mesma família ser assassinada por um criminoso foragido. Depois, um garotinho de quatro ou cinco anos é levado pela babá a um culto religioso à beira dum rio e, ao fugir de casa, retorna àquelas águas em que fora batizado, mas apenas para afogar-se ante o olhar de um canceroso. Uma jovem surda e muda, por sua vez, é oferecida em casamento a um vagabundo qualquer, que a abandona entregue ao sono num bar de beira de estrada.

Que se dissesse, a quem os desconhecesse, que a mente por trás desses enredos foi a de um autor — segue-se a pronúncia afetada — *pós-moderno*, decerto não haveria estranhamento algum: poder-se-ia inclusive listar nomes possíveis. Refinada, a descrição, no entanto, caso se esclarecesse que o autor pós-moderno é na verdade uma autora de quase um século atrás, e jovem, e católica, e piedosa, e dotada de uma formação intelectual invejável a ponto de designar-se, com certa ironia, *a hillbilly Thomist*; e que passara praticamente toda a vida numa cidadezinha ao sul dos Estados Unidos, onde criava aves (com imensa predileção pelos pavões) e morreria demasiadamente cedo, acometida por um tipo fatal de lúpus... Se todos esses qualificativos lhe fossem atrelados, que espanto não causaria?

Respostas assim não seriam privilégio dos tempos nossos. A senhorita Flannery O'Connor as enfrentou desde o princípio: após a festa de lançamento de seu primeiro livro, o romance *Sangue Sábio*, seus conterrâneos não lhe pouparam de suas impressões. "Ah, eles odiaram; ficaram estarrecidos", disse um certo biógrafo ali presente. "Não conseguiam entender por que uma moça tão boa do sul escreveria um livro assim...". E, com secura, uma prima de 83 anos. "Não gosto do seu livro!".

A senhorita O'Connor, é claro, não se movia por uma desordem moral qualquer. A técnica narrativa desta tomista caipira, as imagens e metáforas inusitadas que empregava, o grau de degeneração e hipocrisia de seus personagens, mas também de inesperada bondade e surpreendente redenção, tudo isso é fruto de uma convicção literária e teórica sólida que a autora fez questão de articular em conferências e ensaios, chegando a compilar um conjunto de convicções que a colocam, sem nenhuma ambição consciente, entre as principais teóricas da literatura do século XX.

É fácil observá-la; e é fácil observar, também, que sua forma de escrita está profundamente enraizada na consciência dos valores da modernidade. Uma autora como ela encontrará "na vida moderna distorções que lhe são repugnantes, e seu problema estará em fazê-las surgir como distorções a um público acostumado a vê-las como algo natural". Eis por que pode ver-se "forçada a utilizar meios cada vez mais violentos a fim de comunicar sua visão a esse público hostil. Quando presume que seu público compartilha das mesmas crenças que você, é possível relaxar um pouco e recorrer a formas mais normais de se dirigir a ele; quando se vê obrigado a presumir que ele não o faz, você deve manifestar sua visão por meio do choque".

Não se trata, contudo, de uma falsificação — não mais do que a imposta por qualquer texto literário; a autora, esta jovem sulista, busca, a princípio, "conservar viva certa experiência que não estamos acostumados a observar todo dia ou que o homem comum talvez jamais experimente em sua vida ordinária": trata-se da experiência de outra dimensão da realidade, a do "mistério e do inesperado". Eis um tipo de ficção

> que sempre forçará seus próprios limites rumo aos limites do mistério. [...] Um tal autor interessar-se-á antes pelo que não entendemos do que pelo que entendemos. Interessar-se-á pela possibilidade em detrimento da probabilidade. Interessar-se-á por personagens forçados a deparar-se com o mal e com a graça e que agem com base numa confiança que está além deles mesmos — saibam eles disso com clareza ou não. Para a mentalidade moderna, esse tipo de personagem e seu criador são típicos Dom Quixotes, atacando o que não existe.

E tudo isso a partir do que há de mais humano: "A ficção começa onde o conhecimento do homem começa — nos sentidos [...]. Creio, no entanto, que o tipo de autor que descrevo utilizará o concreto de maneira mais drástica".

Ora, tudo isso explica o que, em carta, a amiga Caroline Gordon, também escritora, diria em maio de 1953 acerca dos esforços narrativos da senhorita O'Connor: o seu era um "extraordinário, incansável, quase insuportável esforço para alcançar a intensidade". Não, porém, como qualquer leitor observará, à maneira de boa parte dessas novas figuras que têm o choque por definição da essência artística (e, portanto, por sua finalidade); o que lhe interessava era, sobretudo, com sua união indissociável entre olhar e juízo, acessar as camadas que existem sob e sobre a superfície.

O *Diário de Oração* de Flannery O'Connor abarca um período anterior ao lançamento de seu primeiro título (janeiro de 1946 a setembro de 1947), mas descortina para nós que talvez a intensidade por ela almejada tenha sido, antes, o transbordamento de sua vida interior do que um método frio e artificial de escrita. Sobretudo, descortina que a forjadura da autora — e de qualquer autor — passará sempre por sua disposição interna integral: corpo e alma, técnica e intelecto, olhos e coração. Eis por que, "para triunfar no mundo com o que pretendo fazer", ela sente-se obrigada a pedir que Deus desanuvie sua mente: "Por favor, deixa-a limpa".

A escrita, pois, é mais uma peça neste quebra-cabeça que, unido, confere aos homens e mulheres a ela dedicados sua unidade de vida: não haverá escritor isolado no momento da escrita enquanto todos os outros segmentos de sua vida interior, por mais banais ou elevados que sejam, ficam à espreita, aguardando o momento de retomar seu lugar na dinâmica da existência ordinária. E este *Diário* oferece-nos a oportunidade de vislumbrar como essa profunda integração — que, no fundo, não constrói senão a unidade do escritor — pode embrenhar-se no fluxo do raciocínio de Flannery, ou melhor, no fluxo de sua atenção, de sua oração. Só isso explica um encadeamento de temas aparentemente tão díspares quanto este:

> Por favor, que os princípios cristãos impregnem minha escrita e que haja escrita suficiente (publicada) a ser impregnada pelos princípios cristãos. Tenho medo, Senhor, de perder a fé. Minha cabeça não é forte. É presa de toda sorte de trapaça intelectual. Que não seja o medo o que me prende à igreja. Não quero ser uma covarde que só permanece contigo por medo do inferno.

Ou, ainda:

> Deus querido, ando tão desanimada com minha obra. Tenho, isto sim, a sensação do desânimo. Percebo que não sei o que percebo. Ajuda-me, por favor, meu Deus, a ser uma boa escritora e receber outro aceite qualquer. Isso está tão longe do que mereço, é claro, que me impressiona naturalmente a ousadia de querê-lo. Em mim, a contrição é em grande medida imperfeita. Ignoro se já cheguei a lamentar um pecado porque te ofendia.

Os exemplos se multiplicam, e a esse amálgama de experiências interiores corresponde outro semelhante, vindo de elementos externos. Se, nos ensaios futuros, a entusiasta dos pavões falará de certo tipo de realismo, aqui ela já tem seu olhar voltado para fora: vê um horizonte mais extenso do que se poderia imaginar de alguém nascido em sua cidadezinha, mas com os freios de uma jovem piedosa que conhecia, quando da redação do *Diário*, o meio acadêmico de Iowa: Bloy a desconcerta; Freud, Proust e Lawrence oferecem-lhe uma contraposição a seu conceito de amor ("puseram o amor no seio do humano"). Por outro lado, palpita-lhe o que há de mais terreno e o que, para a lassidão moral corrente, poderia passar despercebido: "Hoje me revelei uma glutona — de biscoitos de aveia da Scotch e pensamentos eróticos."

Eis, a propósito, uma conclusão para o *Diário* que inconscientemente alcançou toda a intensidade que Flannery buscou em seus textos. E não só: trata-se de uma conclusão que trai a impressão, por ela exposta na entrada de um 23 de setembro, de que é fácil exprimir o desejo pela escrita, mas que esse desejo seria morto por não suscitar um desejo real na vida mesma. Sem perceber, e bem à maneira de seus personagens, o pavor simples e sincero ante a própria glutonaria é prova viva de que sua fome de eternidade, sua ânsia de Deus, palpitava quando da redação do diário — e, como sabemos, quando da redação de tudo o que viria a publicar: "Não permitas jamais, Deus querido, que eu ache ter sido mais que mero instrumento para tua história — tanto quanto a máquina de escrever foi o meu".

Introdução,
por W. A. Sessions

De janeiro de 1946 a setembro de 1947, Flannery O'Connor alimentou um diário que não passava, em essência, de uma série de orações. Ainda não completara 21 anos de idade quando deu início ao volume, e aos 22, quando da redação da última entrada, já era possível perceber que ele fizera alguma diferença em sua vida.

Por meio desse diário, escrito na cidade de Iowa, para onde fora a fim de estudar jornalismo (acabando, porém, nas oficinas de escrita), O'Connor lidava com sua nova vida. Nele, consagrou-se a uma força que, segundo acreditava, a estivera rodeando desde seu nascimento em Savannah, na Geórgia, a 25 de março de 1925. A cidade de Iowa, no coração dos Estados Unidos, parecia o extremo oposto daquela região portuária em que a miscigenação racial e a segregação conviviam e que, à época, parecia um tanto exótica (tratava-se do último grande porto ao sul, antes de Cuba e do Caribe). Savannah descortinara para ela mais do que a diversidade da existência humana. Ali, uma série de ritos e doutrinas católicas havia conferido à sua jovem vida um universo coerente. Em 1946, contudo, a Savannah de O'Connor já dera lugar ao mundo universitário de Iowa, onde novas influências, entre elas certas alegrias intelectuais, trouxeram consigo questionamentos e ceticismo.

Em meio a essa liberdade, O'Connor começou seu diário e deu início a um colóquio peculiar. Passou a redigir entradas que logo foram além de meras reflexões sobre as perplexidades da vida. Desde o começo (não temos acesso às páginas iniciais), o diário trazia clamores líricos que se convertiam num diálogo singular — e, de fato, O'Connor parece ter inventado sua própria forma de oração. Abrupta, truncada e seriada, cada uma das entradas transmite enorme intensidade: "Oh, Senhor", brada já ao fim do volume, "faz de mim uma mística, imediatamente". Essa urgência esteve presente até mesmo em sua exclamação final de frustração. Ali, estava ela ciente de que não obteria nenhuma resposta imediata do objeto de seu amor — ao menos não da maneira como imaginava. Seria preciso esperar pacientemente num mundo de trivialidades, e até mesmo de erotismo, até chegarem as respostas do Senhor.

Entradas assim não foram tão espontâneas quanto podem parecer. Mesmo aos 21 anos, O'Connor era uma artífice de primeira ordem, e o fac-símile que consta neste volume revela emendas cuidadosas. A fim de dramatizar seu desejo — e ela era, antes de tudo, uma escritora dramática —, O'Connor reconhecia que não deveria dizer, mas "mostrar", seguindo nisso aqueles princípios de Henry James que vinha aprendendo em Iowa. Suas cartas enérgicas, escritas em busca de seu amado, tornaram-se entradas de um diário. As entradas mesmas talvez se mostrem simples, íntimas, por vezes infantis. Ao mesmo tempo, são capazes de dramatizar desejos majestosos, surpreendendo por sua amplitude e pela profundidade de suas observações sobre a vida e o destino do homem (talvez surpreendendo até demais os primeiros leitores e guardiões desse maço de páginas manuscritas que permaneceu guardado por mais de meio século).

A quem, porém, ela escreveu estas cartas, estas entradas? Quem era esse amado que ela identificava como tal? No diário, O'Connor costuma dar a essa presença o nome de Deus. Só o chamava de "Pai" quando em relação a determinada citação do Evangelho, e apenas poucas referências diretas são feitas a "Cristo" — sendo a mais direta delas um pedido apaixonado: "Não me quero condenada à mediocridade nos meus sentimentos por Cristo. Quero sentir. Quero amar. Toma-me, Senhor querido, e coloca-me na direção que tenho de seguir". Seu amor era universal e, qual a sarça ardente de Moisés, também vivo e inflamado.

Com efeito, se seu amor representava algo absoluto, a escritora mesma existia, como bem enfatizam as alusões do diário, num mundo real e profundamente humano. Deus e a humanidade não eram termos mutuamente exclusivos, é claro, e a jovem escritora entendia seu mundo cotidiano como um momento particular da história, cujo centro estava sempre naquele amado que ela sentia buscando-a enquanto ela mesma, no meio da agitada Iowa da segunda metade da década de 1940, também o procurava. Os soldados voltavam da guerra a fim de receber sua educação gratuita, e as ruas estavam apinhadas de estudantes. Para O'Connor, era especialmente notável que até mesmo afro-americanos estivessem ali sem qualquer restrição social aparente. Gloria Bremerwell, jovem que se tornara uma de suas amigas mais próximas na oficina de escrita criativa e com quem ela saiu para jantar diversas vezes, era afro-americana. O'Connor talvez não soubesse que, à época, não havia na cidade de Iowa nenhuma barbearia em que negros pudessem cortar o cabelo.

As orações de seu diário brotaram naturalmente das agitadas salas de aula, das bibliotecas e das ruas da cidade de Iowa. Seu dormitório, que dava para o único banheiro do andar, estava longe de ser privado. A jovem escritora deu início a seu diário naquele cômodo esquisito, sentada a uma escrivaninha que tinha suas canetas, seus lápis e sua máquina de escrever ao lado de uma chapa elétrica (todos os itens refrigerados ficavam do lado de fora da janela). O'Connor, portanto, não era reclusa de modo algum. Não obstante, em seus anos de Iowa, foi encontrando cada vez mais aberturas para fora e para dentro de sua vida — e seu desejo de escrever ficção teve imensa importância para ela num ambiente como aquele, em que tantas influências convergiam.

Com efeito, durante a redação dessas orações, O'Connor deu início a seu primeiro romance, que receberia por fim o título de *Sangue Sábio*. Isso ocorreu durante o feriado de Ação de Graças de 1946, e, independentemente do que mais a oração tenha logrado, ao iniciar essa originalíssima obra da ficção americana a autora ampliou o alcance de seu diário. A oração para que se tornasse boa escritora — frequentemente reiterada — já fora atendida. Ela encontrara dentro de si uma fonte mais profunda para os atos da imaginação. Em Iowa, de fato, O'Connor havia descoberto como a "suspensão voluntária da descrença" com que Coleridge caracterizara o ato da imaginação poderia se tornar a liberdade de escrever ficção nessa suspensão.

Quando redigiu sua última entrada, O'Connor já havia se oferecido diretamente a Deus. Em seu diário, buscava consagrar a si mesma a fim de que pudesse amar ainda mais o absoluto, sacrificar-se mais. Em 26 de setembro de 1947, porém, três anos antes do repentino aparecimento do lúpus, doença que matara seu pai e acabaria também por matá-la, a jovem O'Connor deu fim ao volume. Nada especial parece ter acontecido. Nesse dia, seus pensamentos andavam muito "distantes de Deus", e ela questionava, com uma imagem dissonante, se "os sentimentos" que ia "incubando por aqui" chegavam a ser algo mais do que "uma farsa". Naquele mesmo dia, de fato, ela se revelara "uma glutona — de biscoitos de aveia da Scotch e pensamentos eróticos". O'Connor, então, conclui seu diário de maneira um tanto taxativa: "Nada mais há a ser dito sobre mim."

Na verdade, havia muito mais. O diário, que via ali seu fim, refletia de maneira precisa as façanhas literárias que ela obtivera até então, chegando mesmo a prenunciar seu sofrimento e sua morte. Não menores, ademais, foram os resultados daquela esperança estranha — estranha ao menos para o século de XX — de conseguir pleno comprometimento com Deus. Imbuída dessa esperança, ela criara personagens que sabiam (tanto negativamente, como no caso do Desajustado de "Um homem bom é difícil de encontrar", quanto positivamente, como no caso do tatuado de "As costas de Parker" ou de Ruby Turpin, de "Revelação") qual era o preço de ter um destino doloroso pela frente, mas que, em sua ficção, só ganhavam vida graças a essa espera.

Antes do Natal de 1950, O'Connor embarcou sozinha num trem de Connecticut para a Geórgia. Sua amiga Sally Fitzgerald viu a "jovem com uma vistosa boina" partir da estação. Quando, porém, chegou a Atlanta, O'Connor parecia deformada e curva "como um idoso", nas palavras de um tio que a aguardava ali. Durante a viagem do Norte ao Sul, ela sofrera o primeiro ataque de lúpus, enfermidade que a acometeria até sua morte, em 1964, aos 39 anos. Esses anos de sofrimento se tornaram, paradoxalmente, os mais fecundos de sua escrita, dando origem a algumas das maiores obras de ficção da literatura americana. Ironicamente, as orações de seu diário haviam sido atendidas.

Nota do tradutor

Na nota do editor que antepôs às entradas deste *Diário*, o responsável pela edição original da obra quis assegurar a seus leitores que respeitara, dentro dos limites da legibilidade, o modo como a autora pontuara seu texto. O leitor da edição brasileira observará que, ao contrário de algumas das traduções que o *Diário* recebeu ao redor do mundo, seu tradutor procurou fazer o mesmo, de modo a conservar, na medida do possível, as impressões causadas pelo fluxo e pela intensidade da escrita de Flannery O'Connor, que, por vezes, pouco caso fez de algumas vírgulas e conjunções.

Diário de Oração

[entradas sem data]

[...] esforço artístico nisso em vez de pensar em ti e deixar-me inspirar pelo amor que desejaria ter.[1]

Deus querido, sou incapaz de amar-te como gostaria. És o crescente delgado de uma Lua que vejo, e sou eu mesma a sombra da Terra que me impede de ver a Lua inteira. O crescente é belíssimo e quiçá seja tudo o que alguém como eu deva ou possa ver; no entanto, Deus querido, o que temo é que a sombra deste meu eu cresça de tal modo que venha a obstruir a Lua toda, e também que eu julgue a mim mesma segundo esta sombra, que não passa de nada.

A ti não conheço, meu Deus, porque obstruo o caminho. Ajuda-me, peço, a chegar para o lado.

Desejo muitíssimo triunfar no mundo com o que pretendo fazer. Roguei por isso a ti com minha cabeça e minhas energias, e entrei em tal estágio de tensão que dizia "Oh, meu Deus, por favor", e "tenho de conseguir", e "por favor, por favor". Não pedi, penso, da maneira certa.

---

[1] Perderam-se, ao que parece, as primeiras páginas do diário.

Deixa-me então pedir com resignação — o que não é nem pretende ser um abrandar da oração, mas uma oração menos frenética —, certa de que um tal frenesi vem antes da ânsia pelo que desejo do que de minha confiança espiritual.

Oh, meu Deus, desanuvia por favor a minha mente.

Por favor, deixa-a limpa.

Peço-te maior amor por minha santa Mãe, e peço a ela maior amor por ti.

Por favor, ajuda-me a ir fundo nas coisas e descobrir onde estás.

Não pretendo renegar as orações tradicionais que ao longo de toda a vida recitei; tenho-as recitado, porém, sem senti-las. Minha atenção é sempre muito fugidia. Desse modo, retenho-a a cada instante. Sinto a calidez do amor a aquecer-me quando penso e escrevo tudo isso a ti. Não permitas, peço, que as explicações dos psicólogos subitamente o arrefeçam. Meu intelecto é tão limitado, Senhor, que só me cabe confiar em ti para que me preserves como deveria.

Por favor, ajuda os que amo a se libertarem de seus sofrimentos. Por favor, perdoa-me.

Deus querido, impressiona-me o quanto tenho a agradecer em termos materiais; e, em termos espirituais, tenho a oportunidade de ser ainda mais ditosa. Parece-me, porém, claro que não tenho traduzido esta oportunidade em fatos. Dizes, Deus meu, que a graça pedida será dada. Eu a peço. Noto que há mais a ser feito além disso — que devo comportar-me como se a quisesse. "Nem todos os que dizem 'Senhor, Senhor', mas os que fazem a Vontade de Meu Pai." Por favor, dá-me conhecer a vontade de meu Pai — não num nervosismo escrupuloso, tampouco numa presunção laxa, mas num conhecimento claro e sensato; e depois dá-me uma Vontade forte, para que possa dobrá-la à Vontade do Pai.

Por favor, que os princípios cristãos impregnem minha escrita e que haja escrita suficiente (publicada) a ser impregnada pelos princípios cristãos. Tenho medo, Senhor, de perder a fé. Minha cabeça não é forte. É presa de toda sorte de trapaça intelectual. Que não seja o medo o que me prende à igreja. Não quero ser uma covarde que só permanece contigo por medo do inferno. Deveria achar que, se temo o inferno, posso estar certa de seu autor. Essa gente douta, porém, pode analisar o porquê deste medo do inferno, e disso conclui que o inferno não existe. Creio no inferno, porém. O inferno parece muito mais factível à minha cabeça fraca do que o céu. Certamente porque o inferno é coisa que muito mais se assemelha à Terra. Vislumbro as torturas dos condenados, mas não consigo imaginar as almas desencarnadas suspensas num cristal a eternidade inteira em louvor a Deus. É natural que não consiga imaginá-lo. Se pudéssemos mapear o céu com precisão, alguns de nossos promissores cientistas esboçariam planos para aprimorá-lo, e a burguesia venderia guias a 10 centavos o exemplar a todos os que somam mais de 65 anos. Mas não quero ser engenhosa, embora pensando duas vezes eu queira ser engenhosa e deseje ser assim conhecida. Mas a questão aqui é que não quero temer ficar de fora, quero gostar de estar dentro; não quero acreditar no inferno, mas no céu. Dizer isso não me traz bem algum. O dom da graça é o ponto. Ajuda-me a sentir que tudo o que é terreno eu trocarei por isso. E não estou falando em fazer-me freira.

Deus querido, quão tolos somos nós até que nos dês algo. Mesmo na oração és Tu quem deve rezar em nós. Gostaria de escrever uma bela oração, mas nada tenho de que possa tirá-la. Há ao meu redor todo um mundo sensível que deveria colocar em teu louvor; mas não consigo fazê-lo. Ainda assim, no meio de um momento insípido em que eu talvez esteja pensando em cera para o chão ou em ovos de pombo, o início de uma bela oração me vem do subconsciente e me leva a escrever algo elevado. Não sou filósofa, caso contrário viria a compreender essas coisas.

Se tudo soubesse sozinha, Deus querido, se pudesse descobrir tudo o que em mim há de egocêntrico e pedante, o que de algum modo há em mim de insincero, que seria de mim? O que faria a respeito dessas sensações que são ora medo, ora alegria, que jazem fundo demais para serem tocadas pelo meu entendimento? Tenho medo ó Senhor das mãos insidiosas que se põem a tatear na escuridão da minha alma. Sê por favor minha guarida contra elas. Sê por favor o refúgio no alto da travessia. É por preguiça que conservo a fé, meu bom Deus? Esta é, porém, uma ideia que agradaria a quem nada mais fizesse que pensar.

Deus querido, não desejo que isto seja um exercício metafísico e sim algo em louvor a Deus. Há provavelmente mais chance de que seja terapêutico que metafísico, com o elemento do eu subjacente a meus pensamentos. Bem sei que as orações devem ser feitas de adoração, contrição, ação de graças e súplicas, e gostaria de saber o que consigo fazer com cada qual sem escrever uma exegese. É adorar-te, Deus querido, o que mais me consterna. Não consigo compreender o enaltecimento que te é devido. Intelectualmente eu dou meu sim: adoremos a Deus. Mas pode-se fazê-lo sem sentimento? Para sentir, devemos conhecer. E para isso, quando nos é praticamente impossível consegui-lo por conta própria, não por inteiro, é claro, mas tanto quanto podemos, dependemos de Deus. Dependemos de Deus para adorá-lo, para adorá-lo, isto é, no sentido mais profundo do termo. Dá-me a graça de adorar-te, Deus querido, pois nem mesmo isso consigo fazer sozinha. Dá-me a graça de adorar-te com o entusiasmo dos velhos sacerdotes que sacrificavam um cordeiro para ti. Dá-me a graça de adorar-te com o assombro de que são tomados Teus sacerdotes quando sacrificam o Cordeiro sobre nossos altares. Dá-me a graça de ser impaciente na espera de ver-te face a face e de quando não precisarei senão disso para adorar-te. Dá-me a graça, Deus meu querido, de ver a aridez e a miséria dos lugares em que não és adorado mas profanado.

Deus querido, ando tão desanimada com minha obra. Tenho, isto é, a sensação do desânimo. Percebo que não sei o que percebo. Ajuda-me por favor meu Deus a ser uma boa escritora e receber outro aceite qualquer. Isso está tão longe do que mereço, é claro, que me impressiona naturalmente a ousadia de querê-lo. Em mim a contrição é em grande medida imperfeita. Ignoro se já cheguei a lamentar um pecado porque te ofendia. Contrição assim é melhor que contrição nenhuma, mas é egoísta. Para conseguir a outra, é preciso ter conhecimento, uma fé extraordinária. Tudo se resume à graça, creio. A de pedir de novo a Deus que nos ajude a lamentar tê-lo ofendido. Tenho medo da dor e imagino que seja ela o que precisamos para receber a graça. Dá-me a coragem, Senhor, de suportar a dor para receber a graça. Ajuda-me nesta vida que parece tão traiçoeira, tão frustrante.

Deus querido, hoje à noite não há frustração porque me deste uma história. Não permitas jamais, Deus querido, que eu ache ter sido mais que mero instrumento para tua história — tanto quanto a máquina de escrever foi o meu. Por favor, Deus querido, que nas revisões a história fique clara o bastante para não haver interpretação falsa e vil, porque nela não estou tentando depreciar a religião de ninguém, embora não soubesse exatamente o que fazia enquanto ela brotava, nem o sentido que teria. Agora não sei se é coerente. Que eu não precise, por favor, me livrar dessa história porque no fim das contas há mais mal nela que bem — ou qualquer defeito. Quero que mostre que o bem no homem às vezes se revela pelo seu mercantilismo mas que não é culpa desse mercantilismo que isso ocorra.

Talvez a ideia seja a de que o bem pode ser visto mesmo através de algo reles. Não sei, meu Deus querido, mas gostaria que cuidasses de que fosse uma história sã porque eu não sei fazê-lo, assim como não sabia como escrevê-la e ela veio. De todo modo, tudo isso me leva à ação de graças, o que na oração se deve incluir em terceiro lugar. Quando penso em tudo pelo qual devo ser grata eu acho que só não vens e me matas agora porque já fizeste tanto por mim e não me mostrei particularmente grata. Minhas ações de graças não têm jamais a forma do autossacrifício — mas de algumas orações que memorizei e balbucio rápida e descuidada. Tudo isso em mim me enoja, mas sem me encher da pungente sensação que deveria ter para adorar-te, lamentar-me ou agradecer-te. Talvez a sensação que não cesso de pedir seja de novo egoísta — algo que me ajude a achar que tudo em mim está bem. Isso ainda assim me parece natural, mas talvez ser assim natural seja ser assim egoísta. Minha cabeça é por demais insegura, e não se deve depender dela. Num instante me deixa escrupulosa e no outro me faz laxa. Se é pela cabeça que devo conhecer todas essas coisas, meu Deus querido, por favor fortalece a minha. Obrigada, meu bom Deus, creio que me sinto grata por tudo o que fizeste por mim. Quero me sentir grata. Me sinto. E agradeço à minha Mãe querida que tanto amo: Nossa Senhora do Perpétuo Socorro.

Deus querido, a Súplica. O único dos quatro em que sou competente. Não é preciso graça sobrenatural para pedir o que se quer e eu te pedi copiosamente, Senhor. Creio que é certo pedir a ti e também pedir que nossa Mãe te peça, mas não desejo enfatizar demais esse lado das minhas preces. Ajuda-me a pedir-te, Senhor, o que me é bom ter, o que posso ter e o que, tendo, me faça servir-te.

Tenho lido o senhor Kafka e percebo seu problema em obter a graça. Noto porém que não tem de ser assim para o católico que pode receber a Comunhão todo dia. Disse hoje o monsenhor que cabia à razão, e não à emoção — o amor a Deus. A emoção seria auxílio. Percebi da última vez que seria um auxílio egoísta. Ó, Deus meu querido, a razão é muito vazia. Creio que a minha seja também preguiçosa. Quero no entanto aproximar-me de ti. Ao mesmo tempo, parece quase pecado sugerir algo assim. Talvez a Comunhão não ofereça a proximidade que desejo. A proximidade que desejo talvez só venha depois da morte. É por isso que estamos lutando, e se a encontrasse ou estaria morta ou a veria por um segundo e a vida se tornaria intolerável. Nada sei sobre isso ou sobre qualquer outra coisa. Parece pueril que diga algo tão óbvio.

Deus querido, para que tenha um caminho, refletirei sobre a fé, a esperança e a caridade. A fé agora. Das três, é a que mais me causa tormentos mentais. Em cada momento deste processo educativo, ouvimos que é coisa ridícula, e os argumentos parecem tão bons que é difícil não ceder a eles. Talvez os argumentos não soassem tão bons a alguém dotado de cabeça melhor; porém minhas armadilhas mentais são o que são, e me pego sempre à beira da anuência — de uma anuência quase subconsciente. Ora, como permanecerei fiel sem covardia quando as circunstâncias me influenciam de tal maneira? Não consigo ler as profundezas de mim mesma que revelam algo sobre isso. Há um não sei quê lá embaixo — está sob a anuência subconsciente — que sente algo a respeito. Talvez seja isso o que anda a me conter. Deus querido, que seja isso em vez daquela covardia diante da qual os psicólogos tanto se regozijariam e que tão loquazmente explicariam. E por favor não permitas que seja o que tão jubilosamente chamam de compartimentos estanques. Deus querido, dá por favor às pessoas que como eu não têm cérebro para lidar com isso, dá-nos por favor algum tipo de arma para nos defendermos não deles, mas de nós mesmos depois de nos termos examinado de cabo a rabo. Deus querido, não quero ter inventado minha fé a fim de satisfazer a minha fraqueza. Não quero ter criado Deus à minha imagem, como costumam dizer tanto por aí. Por favor, meu Senhor, dá-me a graça necessária, e por favor não permitas que seja tão difícil consegui-la quanto Kafka dá a entender.

Deus querido, quanto à esperança, sinto-me um pouco perdida. É facílimo dizer que espero — a língua desliza sobre a palavra. Talvez a esperança só se realize se em contraste com o desespero. E sou preguiçosa demais para me desesperar. Por favor não me visite com ela, Deus querido, pois me sentiria miserável. A esperança, porém, da fé deve ser diferente. Inconscientemente eu a ponho no departamento da fé. Deve tratar-se de algo positivo que nunca senti. Deve tratar-se de uma força positiva, caso contrário por que a distinção entre ela e a fé? Gostaria de ordenar as coisas de modo que pudesse me sentir uma só coisa espiritualmente. Não creio que ordeno as coisas. Todos os meus pedidos, contudo, parecem fundir-se num só pedido de graça — aquela graça sobrenatural que faz o que quer que seja. Minha cabeça está numa caixinha, Deus querido, lá dentro de outras caixas dentro de outras caixas e assim por diante. Há pouquíssimo ar na minha caixa. Deus querido, dá-me por favor tanto ar quanto não for presunçoso pedir. Deixa por favor que um pouco de luz rutile de todas as coisas que me rodeiam para que eu assim possa acho que em suma isso consiste em ser egoísta. Não há forma nenhuma de contornar isso Deus querido? Não há fuga de nós mesmos? Rumo a algo maior? Ó Deus querido quero escrever um romance, um bom romance. Quero fazê-lo por um sentimento bom e um ruim. O ruim predomina. Dizem os psicólogos que é o natural. Permite Deus querido que me afaste de todas essas coisas "naturais". Ajuda-me a colocar o que é mais que natural em minha obra — ajuda-me a amar e prosseguir com minha obra para isso. Se devo suar por ela, Deus querido, que seja a teu serviço. Gostaria de ser inteligentemente santa. Sou uma tola presunçosa, mas talvez o que há de vago em mim e me faz continuar seja a esperança.

Deus querido, de certa forma recebi um bom castigo pela minha falta de caridade para com o Sr. Rothburg[1] no ano passado. Ele hoje revidou qual um tornado que, embora não me machucasse tanto, arruinou minha pose. Tudo isso diz respeito à caridade. Deus querido por favor dá-me uma cabeça vigilante com relação a isso. Digo muitas muitíssimas coisas pouco caridosas sobre os outros todos os dias. Digo-as porque me fazem parecer mais inteligente. Por favor me ajuda a perceber de maneira prática o quão vil isso é. Nada tenho ainda de que me possa orgulhar. Sou burra, tão burra quanto aqueles que ridicularizo. Por favor ajuda-me a dar fim a esse egoísmo porque eu te amo, Deus querido. Não quero, porém, sair dando desculpas. Não sou grande coisa. Por favor Senhor ajuda-me a praticar Tua Palavra.

---

[1] Colega de Flannery O'Connor na oficina de escrita criativa.

04/11/1946

Cheguei à conclusão de que isto não vale tanto como meio direto de oração. A oração não chega nem perto de ser tão premeditada assim — ela vem do momento e isto é lento demais para o momento. Comecei uma fase nova de minha vida espiritual — eu confio. Junto a isso está o abandono de certos hábitos adolescentes e certos hábitos mentais. Não é preciso muito para perceber o quão tolos somos, mas o pouco que se faz necessário demora a vir. Vou percebendo meu ridículo de grau em grau. Uma coisa que notei nesta semana — foi uma semana peculiar — é que constantemente me vejo como o que quero ser. Não se trata do cumprimento do que quero ser, mas do gênero certo, do embrião correto no animal correto. A consequência de um estado de coma tão aprazível será naturalmente o embrião eterno — e eterno não em sentido falso. Preciso crescer. Creio que só tenho o direito de demonstrar tamanho interesse por mim mesma na medida em que esse interesse é por minha alma imortal e por aquilo que a faz pura. "Reservado aos puros e na mais pura de suas horas", escreveu Coleridge — só então o dom da imaginação funcionava, somente para esses. Começarei pela alma e talvez os dons temporais que desejo praticar terão aí sua chance; se não a tiverem, tenho já o melhor nas mãos, a única coisa de fato necessária. Deus deve estar em toda a minha obra. Tenho lido Bernanos. É maravilhoso demais. Chegarei a saber um dia o que quer que seja?

06/11

Mediocridade é palavra dura demais para ser aplicada a si mesma; ainda assim, noto-me tão ao nível dela que é impossível não a lançar contra mim — muito embora perceba que estarei velha e maltrapilha quando vier a aceitá-la. Creio que aceitá-la seria aceitar o desespero. Deve haver meio para que os medíocres por natureza escapem dela[.] Esse meio só pode ser a Graça. Deve haver um meio de escapar ainda quando se sabe estar abaixo dela. Talvez saber-se abaixo dela seja uma forma de começar. Digo que estou ao nível dela; estou abaixo, porém. Oscilarei sempre entre desespero e presunção, encarando primeiro um e depois a outra, identificando qual me faz parecer melhor, qual se ajusta de modo mais confortável, mais conveniente. Jamais engolirei nenhum grande naco de nada. Mordiscarei nervosamente aqui e ali. Temer a Deus está certo; mas, por Deus!, não se trata desse nervosismo[.] Trata-se de algo gigante, imenso, magnânimo. Tem de ser um júbilo. Toda virtude tem de ser vigorosa. A virtude tem de ser a única coisa vigorosa em nossas vidas. O pecado é grande e rançoso. Não é possível terminar de comê-lo ou digeri-lo. Ele deve ser vomitado. Mas talvez essa seja uma declaração por demais literária — e isto aqui não deve ser artificial.

Como posso viver... como hei de viver. Obviamente a única forma de viver direito é renunciar a tudo. No entanto, não tenho vocação, e talvez isso seja errado no fim das contas. Como, porém, eliminar essa forma meticulosamente chata com que faço as coisas — quero tanto amar a Deus o tempo todo. Ao mesmo tempo quero todas aquelas coisas que parecem se opor a isso — quero ser uma ótima escritora. Todo e qualquer sucesso tenderá a me subir à cabeça — mesmo inconscientemente. Se um dia vier a ser uma ótima escritora, não será porque sou uma ótima escritora, mas porque Deus me deu crédito por algumas das coisas que tão generosamente Ele escreveu por mim. Neste exato momento essa não parece ser a sua política. Não consigo escrever nada. Mas continuarei a tentar — e é este o ponto. E, em cada tempo de aridez, me virá à cabeça Quem está fazendo a obra quando ela fica pronta e Quem não a está fazendo naquele momento. Agora mesmo pergunto se Deus voltará um dia a escrever por mim. Ele prometeu Sua graça; não estou tão certa quanto à outra. Talvez não venha sendo grata o suficiente pelo que se passou antes.

Os desejos da carne — exceção feita ao estômago — me foram tirados. Por quanto tempo não sei, mas espero ser para sempre. Dá enorme paz livrar-se deles.

Não há ninguém que me possa ensinar a rezar?

11/11

O quão difícil é conservar toda e qualquer intenção[,] toda e qualquer atitude para com uma obra[,] todo e qualquer tom[,] toda e qualquer coisa. Sinto nestes dias certa paz de espírito que me é muito aprazível — não nos deixeis cair em tentação. A qualidade das histórias... bah. Trabalho, trabalho, trabalho. Deus querido, deixa-me trabalhar, mantenha-me trabalhando, quero demais conseguir trabalhar. Se meu pecado é a preguiça quero poder vencê-lo.

Andei relendo algumas destas entradas.[1]

---

[1] O texto restante desta página do diário parece ter sido descartado.

02/01/1947

Não pode ser ateu quem não conhece todas as coisas. Só Deus é ateu. O demônio é o maior dos crentes e tem lá seus motivos.

11/01/1947

Nos conformaremos um dia em chamar-nos a nós mesmos medíocres — eu a mim mesma? Se não sou isto ou aquilo que outra pessoa é, não posso ser algo mais que ainda não consigo ver por completo ou descrever? Volto atrás e [...]

São Tomás [...][1]

Diz Rousseau que o protestante tem de pensar e o católico, se submeter. Creio estar aí implícito que no fim das contas também o protestante tem de se submeter, mas o católico jamais teria de pensar, isto é, refletir sobre a natureza da relação do homem com Deus. Isso é interessante. Ser o catolicismo guia para a única forma de comunicação que vale a pena segundo o católico. E todas as doutrinas que negam a submissão negam a Deus. O inferno, um inferno literal, é nossa única esperança. Tiremo-lo fora e nos tornaremos uma terra devastada por inteiro e não só em parte. O pecado é excelente, desde que reconhecido. Conduz a Deus muita gente boa que não chegaria até lá de

---

[1] O restante do texto desta página do diário parece ter sido descartado.

outra maneira. Deixe porém de reconhecê-lo, ou tire-o do demônio como demônio e o dê ao demônio como psicólogo, e você também tirará Deus da jogada. Se não há pecado neste mundo, não há Deus no céu. Não há céu. Há os que prefeririam assim. Mas, mesmo entre os literatos, tem se tornado popular acreditar em Deus. Há um não sei quê de chocante nisso. Os católicos, contudo, têm de pensar com certezas — na medida em que são capazes — ou talvez na medida em que o queiram. Eu. Eu tenho e em tentar fazer isso estou porventura tentando chocar usando Deus? Estou tentando metê-lo ali violentamente, aos pontapés? Talvez não haja problema nisso. Talvez não haja problema se for eu a fazê-lo, quem sabe? Talvez eu seja medíocre. Gostaria de ser menos que isso. Gostaria de não ser nada. Uma imbecil. Ainda assim isso está errado. A mediocridade, caso seja este o meu flagelo, é algo a que terei de me submeter. Caso seja este o meu flagelo. Se vier a descobrir um dia, terá chegado a hora de submeter-me. Terei de ouvir muitas opiniões.

25/01/1947

A majestade de meus pensamentos nesta noite! Todas essas coisas soam iguais como me parecem soar? Todas causam em mim uma leve náusea — muito embora fossem sinceras na hora e eu não renegue nenhum dos meus artigos de fé. Nesta noite eu teoricamente me imagino aos 70 dizendo que está pronto, que acabou, que as coisas são como são, e sem com isso estar mais perto do que estou hoje. Essa torpeza moral aos 70 não será tolerável. Quero uma revolução agora, uma revolução branda, algo que em mim introduza um sereno ascetismo do século 20 ao menos quando passo pela mercearia.

Os deleites intelectuais e artísticos que Deus nos dá são visões, e como visões nós pagamos por elas; e a sede de visão não necessariamente carrega consigo a sede do sofrimento que a acompanha. Ao olhar para trás vejo que não sofri meu quinhão, só o suficiente para o chamar de sofrimento, mas há um imenso saldo devedor. Deus querido manda-me por favor a Tua Graça.

14/04/1947

Devo deixar por escrito que serei artista. Não no sentido do arrebique estético, mas no da destreza estética; do contrário sentirei continuamente minha solidão — como esta de hoje. A palavra destreza dá conta do ângulo do trabalho e a palavra estética, do ângulo da verdade. Ângulo. Será uma vida inteira de luta sem consumação. Quando algo se conclui, possuí-lo é impossível. Nada pode ser possuído senão a luta. Todas as nossas vidas se consomem em possuir a luta, mas só quando a luta é estimada e orientada a uma consumação final fora desta vida é que possui algum valor. Quero ser a melhor artista que me é possível ser, sob Deus.

Não quero ficar sozinha a vida inteira mas as pessoas só nos tornam mais solitárias ao lembrar-nos de Deus. Deus querido ajuda-me por favor a ser uma artista, faz por favor que isso conduza a ti.

04/05

Para que se mantenha o fio condutor no romance é preciso haver por trás dele uma visão de mundo e o elemento de maior importância sob essa visão de mundo é a concepção de amor — divino, natural e pervertido. Provavelmente se pode dizer que quando há uma visão do amor — uma visão ampla o suficiente — nada mais precisa ser acrescido para constituir a visão de mundo.

Freud, Proust, Lawrence puseram o amor no seio do humano, e não há por que questionar essa localização; no entanto, também não há necessidade de definir o amor como eles fazem — como desejo somente, pois isso obstrui o Amor Divino, que, embora também possa ser desejo, é uma espécie de desejo diferente — desejo divino — e, fora do homem como está, pode alçá-lo a seu plano. O desejo humano de Deus encontra-se entranhado em seu inconsciente e procura se satisfazer na posse física de outro ser humano. Esse é necessariamente um apego passageiro e evanescente em seus aspectos sensuais porque é um substituto muito pobre daquilo que o inconsciente está buscando. Quanto mais consciente torna-se o desejo de Deus mais bem-sucedida se torna a união com outrem, pois a inteligência apreende a relação em sua relação com um desejo maior, e se essa inteligência se encontra em ambas as partes, a força motriz no desejo de Deus se torna dupla e faz-se mais semelhante a Deus. O homem moderno afastado da fé, de alçar seu desejo de Deus a um desejo consciente, se afunda na posição da qual vê o amor físico como fim em si mesmo. Daí que o romantize, que chafurde nele e depois o trate com cinismo. Ou no caso do artista como Proust, que percebe que se trata da única coisa que vale a pena na vida, mas a vê sem propósito, acidental, sem trazer satisfação após o desejo ter sido saciado. A concepção de desejo de Proust só poderia ser assim, pois ele o converte no ponto mais alto da existência — o que é verdade —, mas sem nada de sobrenatural no qual desembocar. Ele se afunda mais e mais no inconsciente, chega mesmo ao fundo, que é o inferno. O inferno decerto jaz no inconsciente tanto quanto o desejo de Deus. O desejo de Deus quiçá esteja numa superconsciência que é inconsciente. Satanás caiu em sua libido ou seu id, sabe-se lá qual é o termo freudiano mais completo.

A perversão é o resultado final da negação ou da revolta contra o amor sobrenatural, descendo da superconsciência inconsciente até o id. Ali onde a perversão é uma doença ou o resultado de uma doença, isso não se aplica porque não há livre-arbítrio em ação. O ato sexual é um ato religioso, e quando ocorre sem Deus é um ato postiço ou na melhor das hipóteses um ato vazio. Proust está certo quando diz que apenas um amor que não satisfaz pode continuar. Duas pessoas só podem permanecer "apaixonadas" — expressão que se tornou praticamente inútil por causa desse romantismo pútrido — se o desejo comum que têm um pelo outro se unir num desejo maior de Deus — isto é, elas não se satisfazem, mas juntas se tornam mais desejosas do amor sobrenatural em união com Deus. Deus meu, extirpa esses furúnculos e bolhas e verrugas do romantismo doentio [...][1]

---

[1] A página seguinte do diário foi descartada.

30/05

Rasguei a última. Era sim digna de mim, mas não do que eu deveria ser. Bloy apareceu no meu caminho. O terrível é que podemos voltar a nós mesmos sendo nós mesmos depois de lê-lo. Ele é um *iceberg* jogado contra mim a fim de destruir meu Titanic, e espero que meu Titanic seja esmagado, mas tenho medo de que seja preciso algo mais que Bloy para destruir a época que vive em nós — acho que a época é ainda A Queda, e certamente o Pecado Original em nós. Pode-se derrotá-lo mas não descartá-lo, lutar e estropiá-lo mas jamais matá-lo. É difícil querer sofrer; suponho que a Graça seja necessária para o desejo. Sou medíocre de espírito mas há esperança. Ao menos sou do espírito, e isso é estar viva. Que dizer dessa gente morta com a qual estou convivendo? Que dizer? Nós que vivemos teremos de pagar por suas mortes. Se estão mortos, nada podem fazer. Foi por eles, creio, que morreram os santos. Não, os santos morreram por Deus e Deus morreu pelos mortos. Eles não tiveram de se submeter à mesma indignidade de Deus. Ninguém pode fazer de novo o que fez Cristo. Esses "Cristos" modernos retratados em cartazes de guerra e poemas — "todo homem é Jesus; toda mulher é Maria" [—] dariam a Bloy ânsias de vômito. O restante de nós perdeu a capacidade de vomitar.

22/09

e Bloy de novo. Deve ser em mim grande fonte de humildade que eu seja morna a ponto de sempre precisar que Bloy me mergulhe em reflexões sérias — e mesmo assim elas não se mantêm por muito tempo. O verão foi muito árido do ponto de vista espiritual e aqui em cima voltar a ir à missa todo dia em nada me comoveu — pensamentos horríveis de tanta mesquinhez e egoísmo me vêm à cabeça mesmo com a hóstia sobre a língua. Talvez o Senhor tenha sentido dó de mim e me mandado perambular pelas pilhas e pegar um *Pfleger* falando sobre Bloy & Péguy e alguns outros. É terrível pensar na minha inconsciência quando na verdade eu sei de tudo. Fraca demais para rezar pedindo sofrimento[,] fraca demais até para sussurrar uma prece por algo que não seja ninharia. Não me quero condenada à mediocridade em meus sentimentos por Cristo. Quero sentir. Quero amar. Toma-me, Senhor querido, e coloca-me na direção que tenho de seguir. Nossa Senhora do Perpétuo Socorro, rogai por mim.

23/09

Deus querido faz por favor que te deseje. Seria a maior das bem-aventuranças. Não somente desejar-te quando em ti penso, mas desejar-te o tempo todo, pensar em ti o tempo todo, ter o desejo por guia, tê-lo como um câncer em mim. Ele me mataria qual um câncer, e seria essa a satisfação. É fácil para esta escrita revelar um desejo. Há um desejo, mas é abstrato e frio, um desejo morto que cai bem na escrita porque a escrita é morta. A escrita é morta. A arte é morta, morta por natureza, e não assassinada pela crueldade. Levo meu desejo morto ao seu lugar[,] ao lugar morto em que surge com mais facilidade, à escrita. Isso tem lá seu propósito se, pela graça de Deus, vier a despertar outra alma; a mim, porém, não me causa bem algum. A "vida" que esse desejo recebe na escrita é morta para mim, e tanto mais porque parece viva — uma terrível enganação. Não para mim porém que sei disso. Ó Senhor torna vivo este desejo morto, vivo na vida, vivo como provavelmente terá de viver no sofrimento. Sinto-me medíocre demais agora para sofrer. Se o sofrimento se abatesse sobre mim eu sequer o reconheceria. Deus conserva-me. Minha Mãe ajuda-me.

24/09

Ao dar o catolicismo, Deus priva do prazer de procurá-lo mas também aqui Ele demonstrou misericórdia por alguém como eu — e por todos os católicos contemporâneos, a propósito —, que, se não o tivesse recebido, não o teria buscado[.] É certamente providência sua em favor de todas as almas medíocres — uma ferramenta para nós; para a estátua de Bloy trata-se... Como chamá-lo? Deus na Terra? Deus tão perto quanto nos é possível tê-lo na Terra. Quem me dera ter sido um dos fortes. Se assim o fosse menos teria me sido dado e eu teria sentido um grande desejo, o teria sentido e lutado para consumá-lo, para lidar com Cristo, por assim dizer. Sou um dos fracos, porém. Sou tão fraca que Deus me deu tudo, todos os instrumentos, as instruções para usá-los, até mesmo um bom cérebro com o qual usá-los, um cérebro criativo que os faz imediatos aos outros. Deus está me alimentando e é por um apetite que estou rezando. Nossa Senhora do Perpétuo Socorro, rogai por mim.

25/09

O que estou pedindo é mesmo muito ridículo. Ó Senhor, digo, no momento sou um queijo, faz de mim uma mística, imediatamente. Acontece que Deus pode fazer isso — fazer místicos a partir de queijos. Mas por que Ele faria isso por uma criatura ingrata preguiçosa e suja como eu? Não consigo permanecer na igreja nem mesmo para uma Ação de Graças[,] e quanto a preparar-me para a Comunhão na noite anterior... Os pensamentos ficam todos alhures. O rosário não é mais que repetição para mim enquanto penso em outras coisas, em geral coisas ímpias. Mas eu gostaria de ser uma mística e imediatamente. Mas Deus querido por favor dá-me algum lugar, não importa o quão pequeno, mas que eu o conheça e conserve. Se tem de ser eu a lavar o segundo degrau todo dia, que eu assim o saiba e que eu o lave e que meu coração transborde de amor enquanto o lavo. Deus nos ama, Deus precisa de nós. Da minha alma também. Então toma-a Deus querido porque ela sabe que Tu és tudo que deve querer, e se ela fosse sábia serias tudo o que ela quer, e quando ela pensa com sabedoria tu és de fato tudo o que ela quer, e ela quer mais e mais de ti. Suas exigências são absurdas. Trata-se de uma mariposa que quer ser rei, de uma coisinha estúpida e preguiçosa, uma coisa tola que deseja que Deus, que fez a Terra, seja seu amante. Imediatamente.

Se ao menos eu conseguisse segurar a Deus na minha cabeça. Se ao menos só nele eu pensasse a todo momento.

26/09

Meus pensamentos andam tão distantes de Deus. Ele poderia muito bem não me ter criado. E os sentimentos que vou incubando por aqui duram aproximadamente meia hora e parecem uma farsa. Não quero nenhum desses sentimentos superficiais artificiais estimulados pelo coro. Hoje me revelei uma glutona — de biscoitos de aveia da Scotch e pensamentos eróticos. Nada mais há a ser dito sobre mim.

Fac-símile

Sterling NOTE BOOK

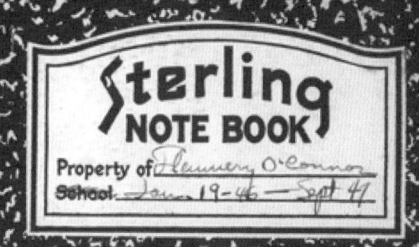

Property of Flannery O'Connor
School Jan. 19-46 — Sept 47

Sterling
NOTE BOOK
NO. 110

DATE

FAMILY NAME						GIVEN NAME			
SECTION_____ ROOM_____									
MON.	RM.	TUES.	RM.	WED.	RM.	THURS.	RM.	FRI.	RM.
1									
2									
3									
4									
5									
6									
7									
8									
9									
10									
11									
12									

effort at artistry in this rather than thinking of You and feeling inspired with the love I wish I had.

Dear God, I cannot love Thee the way I want to. You are the slim cresent of a moon that I see and my self is the earth's shadow that keeps me from seeing all the moon. The cresent is very beautiful and perhap that is all one like I am should or could see; but what I am afraid of, dear God, is that my self shadow will grow so large that it blocks the whole moon, and that I will judge myself by the shadow that is nothing.

I do not know You God because I am in the way. Please help me to push myself aside.

I want very much to succeed in

the world with what I want to do. I
have prayed to You about this with
my mind and my nerves on it and
strung my nerves into a tension over it
and said, "oh God please," and "I
must," and "please, please." I have
not asked You, I feel, in the right
way. Let me henceforth ask you
with resignation — that not being
or meant to be a slacking up in prayer
but a less frenzied kind — realizing
that the frenzy is caused by an
eagerness for what I want and
not a spiritual trust. I do not
wish to presume. I want to love.
Oh God please make my mind clear.
Please make it clean!
I ask You for a greater love for
my holy Mother and I ask her for

a greater love for You.
 Please help me to get down under things and find where You are.
 I do not mean to deny the traditional prayers I have said all my life; but I have been saying them and not feeling them. My attention is always very fugitive. This way I have it every instant. I can feel a warmth of love heating me when I think & write this to You.
 Please do not let the explanations of the psychologists about this make it turn suddenly cold. My intellect is so limited, Lord, that I can only trust in You to preserve me as I should be.
 Please help all the ones I love to be free from their suffering. Please forgive me.

My dear God, I am impressed with how much I have to be thankful for in a material sense; and in a spiritual sense I have the opportunity of being even more fortunate. But it seems apparent to me that I am not translating this opportunity into fact. You say, dear God, to ask for grace and it will be given. I ask for it. I realize that there is more to it than that — that I have to behave like I want it. "Not those who say, Lord, Lord, but those who do the Will of My Father." Please help me to know the will of my Father — not a scrupulous nervousness nor yet a lax presumption but a clear, reasonable knowlege; and after this give me a strong will to be able to ~~to~~ bend to the will of the Father

Please let Christian principles perment

my writing and please let there be enough of my writing (published) for Christian principles to permeat. I dread, oh Lord, losing my faith. My mind is not strong. It is a prey to all sorts of intellectual quackery. I do not want it to be fear which keeps me in the church. I don't want to be a coward, staying with You because I fear hell. I should reason that if I fear hell, I can be assured of the author of it. But learned people can analyze for me why I fear hell and their implication is that there is no hell. But I believe in hell. Hell seems a great deal more feasable to my weak mind than heaven. No doubt because hell is a more earthly-seeming thing. I can fancy the tortures of the dammed but I cannot imagine the disembodied souls hanging in a crystal for all eternity praising God. It is natural that I should not imagine this. If we could accurately map heaven some of our up-&-coming scientists would begin drawing blueprints for its improvement, and the bourgeois would sell guides 10¢ the copy to all over 65. But I do not mean to be clever although I do mean to be clever on 2nd thought and like to be clever & want to be considered so. But the point more specifically here is, I don't want to fear to be out, I want to love to be in; I don't want to believe in ~~fear~~ hell but in heaven. Stating this does me no good. It is a matter of the gift of grace. Help me to feel that I will give up every earthly thing for this. I do not mean becoming a nun

My dear God, how stupid we people are until You give us something. Even in praying it is You Who have to pray in us. I would like to write a beautiful prayer but I have nothing to do it from. There is a whole sensible world around me that I should be able to turn to Your praise; but I cannot do it. Yet at some insipid moment when I may possibly be thinking of floor wax or pigeon eggs, the opening of a beautiful prayer may come up from my subconscious and lead me to write something exalted. I am not a philosopher or I could understand these things.

If I knew all of myself dear God, if I could discover everything in me pedantic egocentric, in anyway insincere, what would I be then? But what would I do about those feelings that are now fear, now joy, that lie too deep to be touched by my understanding. I am afraid of insidious hands oh Lord which grope into the darkness of my soul. Please be my guard against them. Please be the cover at the top of the passage. Am I keeping my faith by laziness, dear God? But that is an idea that would appeal to someone who could only think.

My dear God, I do not want this to be a metaphysical exercise but something in praise of God. It is probably more liable to being therapeutic than metaphysical, with the element of self underlying its thoughts. Prayers should be composed I understand of adoration, contrition, thanksgiving, and supplication and I would like to see what I can do with each without writing an exigesis. = It is the adoration of You, dear God, that most dismays me. I cannot comprehend the exaltation that must be due You. Intellectually, I assent: let us adore God. But can we do that without feeling? To feel, we must know. And for this, when it is practically impossible for us to get it ourselves, not completely, of course, but what we can, we are dependent on God. We are dependent on God ~~even for~~ our adoration of Him, adoration, that is, in the fullest sense of the form. Give me the grace, dear God, to adore You for even this I cannot do for myself. Give me the grace to adore You with the excitement of the old priests when they sacrificed a lamb to You. Give me the grace to adore

You with the awe that fills Your priests when they sacrifice the Lamb on our altars. Give me the grace to be impatient for the time when I shall see You face to face and need no stimulous than that to adore You. Give me the grace, dear God, to see the baseness and the misery of the places where You are not adored but desecrated.

Dear God, I am so discouraged about my work. I have the feeling of discouragement that is. I realize I don't know what I realize. Please help me dear God to be a good writer and to get something else accepted. That is so far from what I deserve, of course, that I am naturally struck with the nerve of it.

Contrition in me is largely imperfect. I don't know if I've ever been sorry for a sin because it hurt You. That kind of contrition is better than none but it is selfish. To have the other kind, it is necessary to have knowlege, faith extraordinary. All boils down to grace, I suppose. Again asking God to help us be sorry for having hurt Him. I am afraid of pain and I suppose that is what we have to have to get grace. Give me the courage to stand the pain to get the grace, Oh Lord. Help me with this life that seems so trecherous, so disappointing.

Dear God, tonight it is not disappointing because you have given me a story. Don't let me ever think, dear God, that I was anything but the instrument for Your story — just like the typewriter was mine. Please let the story, dear Good, in its revisions, be made to clear for any false & low interpretation because in it, I am not trying to disparge anybodies religion although when it was coming out, I didn't know exactly what I was trying to do or what it was going to mean. I don't know now if it is consistant. Please don't let me have to scrap the story because it turns out to mean more wrong than right — or any wrong. I want it to mean that the good in man sometimes shows through his commercialism but that it is not the fault of the commercialism that it does.

Perhaps the idea would be that good can show through even something that is cheap. I don't know. but dear God, I wish you would take care of making it a sound story because I don't know how, just like I didn't know how to write it but it came. Anyway it all brings me to thanksgiving, the third thing to include in prayer. When I think of all I have to be thankful for I wonder that You don't just kill me now because You've done so much for me already & I haven't been particularly grateful. My thanksgiving is never in the form of self sacrifice — a few memorized prayers rattled once over lightly. All this disgusts me in myself but does not fill me with the

poignant feeling I should have to
adore You with, to be sorry with or
to thank You with. Perhaps the feeling
I keep asking for, is something again
selfish — something to help me to feel
that everything with me is alright.
And yet it seems only natural but
maybe being thus natural is being
thus selfish. My mind is a most
insecure thing, not to be depended
on. It gives me scruples at one
minute & leaves me lax the next.
If I must know all these things thru
the mind, dear Lord, please strengthen
mine. Thank you, dear God, I believe
& do feel thankful for all You've done
for me. I want to. I do. And
thank my dear Mother whom I do love,
Our Lady of Perpetual Help.

My dear God, Supplication. This is the only one of the four I am competent in. It takes no supernatural grace to ask for what one wants and I have asked You bountifully, oh Lord. I believe it is right to ask You too and to ask our Mother to ak You but I don't want to overemphasize this angle of my prayers. Help me to ask You, oh Lord, for what is good for me to have, for what I can have and do Your service by having. I have been reading Mr. Kafka and I feel his problem of getting grace. But I see it doesn't have to be that way for the Catholic who can go to Communion everyday. The Msgr. today said it was the business of reason, not emotion—the love of God. The emotion would be a help. I realized last time that it would be a selfish one. Oh dear God, the reason is very empty. I suppose mine is also lazy. But I want to get near You. Yet it seems almost a sin to suggest such a thing even. Perhaps Communion doesn't give the nearness I mean. The nearness I mean comes after death perhaps. It is what we are struggling for and if I found it either I would be dead or I would have seen it for a 2nd and life would be intolerable. I don't know about this or anything. It sounds puerile my saying anything so obvious.

My dear God, To keep myself on a course, I am going to consider Faith, Hope, and Charity. Now Faith. Of the three, this gives me the most mental pain. At every point in this education al process, we are told that it is ridicu- lous and their arguments sound so good it is hard not to fall into them. The arguments might not sound so good to someone with a better mind, but my mental trappings are as they are, and I am always on the brink of assenting—it is almost a subconscious assent. Now how am I to remain faithful without cowardice when these conditions influence me like they do. I can't read the particu- lar depths of myself that say something about this. There is something down there that is feeling — it is under the subconscious assent — in a certain way about this. It may be that which is holding me in. Dear God, please let it be that instead of that cowardice the psychologists would gloat so over & explain so glibly. And please don't let it be what they so jubilantly call water-tight compartments. Dear Lord please give the people like me who don't have the brains to cope with that, please give us some kind of weapon, not to defend us from them but to defend us from ourselves after they have got through with us. Dear God, I don't want to have to have invented my faith to satisfy my weakness. I don't want to have created God to my own image as they're so fond of saying. Please give me the necessary grace, oh Lord, and please don't let it be as hard to get as Kafka made it.

Dear God, About hope, I am somewhat at a loss. It is so easy to say I hope to — the tongue slides over it. I think perhaps hope can only be realized by contrasting it with despair. And I am too lazy to despair. Please don't visit me with it, dear Lord, I would be so miserable. Hope, however, must be something distinct from faith. I unconsciously put it in the faith department. It must be something positive that I have never felt. It must be a positive force, else why the distinction between it and faith? I would like to order things so that I can feel all of a piece spiritually. I don't suppose I order things. But all my requests seem to melt down to one for grace — that supernatural grace that does whatever it does. My mind is in a little box, dear God, down inside other boxes inside other boxes and on and on. There is very little air in my box. Dear God, please give me as much air as it is not presumptuous to ask for. Please let some light shine out of all the things around me so that I can what it amounts to I suppose is be selfish. Is there no getting around that dear God? No scape from ourselves? Into something bigger? Oh dear Lord I want to write a novel, a good novel. I want to do this for a good feeling & for a bad one. The bad one is uppermost. The psychologists say it is the natural one. Let me get away dear Lord from all things thus "natural." Help me to get what is more than natural into my work— help me to love & bear with my work on that account. If I have to sweat for it, dear Lord, let it be as in Your service. I would like to be intelligently holy. I am a presumptuous fool, but maybe the vague thing in me that keeps me in is hope.

Dear God, in a way I got a good punishment for my lack of charity to Mr. Rothburg last year. He came back at me today like a tornado which while it didn't hurt me too much yet ruined my show. All this is about charity. Dear Lord please make my mind vigilant about that. I say many many too many uncharitable things about people every day. I say them because they make me look clever. Please help me to realize practically how cheap this is. I have nothing to be proud of yet myself. I am stupid, quite as stupid as the people I ridicule. Please help me to stop this selfishness because I love you, dear God.

I don't want to be all excuses though
I am not much. Please help me to
do Your Word oh Lord.

11/4

I have decided this is not much as a
direct medium of prayer. Prayer is not
even as premeditated as this — it is of the
moment & this is too slow for the moment.
I have started on a new phase of my
spiritual life — I trust. Tied up with
it, is the throwing off of certain adol-
escent habits & habits of mind. It
does not take much to make us realize
what fools we are, but the little it
takes is long in coming. I see my
ridiculous self by degrees. One thing
I have seen this week — it has been
a peculiar week — is my constant
seeing of myself as what I want to be

not the fulfillment of what I want to be, but the right genre, the correct embryo in the correct beast. The consequence of such a delightful state of coma will naturally be the ~~fœtus~~ eternal embryo — and eternal in no false sense. I must grow. I have a right I believe to show such interest in myself as long as my interest is in my immortal soul and what keeps it pure. "Save to the pure & in their purest hour," Coleridge wrote — the gift of imagination functioned only then, only for those. Start with the soul and perhaps the temporal gifts I want to exercise will have their chance; and if they do not, I have the best in my hands already.

the only thing really needed. God must be in all my work. I have been reading Bernanos. It is so very wonderful. Will I ever know anything?

11/6/

Mediocrity is a hard word to apply to oneself; yet I see myself so equal with it that it is impossible not to throw it at myself — realizing even as I do that I will be old & beaten before I accept it. I think to accept it would be to accept Despair. There must be some way for the naturally mediocre to escape it. The way must be Grace. There must be a way to escape it even when you know you are even below it. Perhaps knowing you are below it is a way to begin. I say I am equal with it, but I am below it. I will always be staggering between Despair & Presumption, facing first one & then the other, deciding which makes me look the best, which fits most comfortably, most conveniently. I'll never take a large chunk of anything. I'll nibble nervously here & there. Fear of God is right; but, God, it is not this nervousness. It is something huge, great, magnanimous. It must be a joy. Every virtue must be vigorous. Virtue must be the only vigorous thing in our lives. Sin is large & stale. You can never finish eating it nor ever digest it. It has to be vomited. But perhaps that is too literary a ~~dramatic~~ statement — this musn't get insincere.

How can I live — how shall I live. Obviously the only way to live right is to give up everything. But I have no vocation & maybe that is wrong anyway. But how eliminate this picky fish bone kind of way I do things. I want so to love God all the way. At the same time I want all the things that seem opposed to it — I want to be a _fine_ writer. Any success will tend to swell my head — unconsciously even. If I ever do get to be a fine writer, it will not be because I am a fine writer but because God has ~~used be~~ given me credit for a few of the things He kindly wrote for me. Right at present this does not seem to be His policy. I can't write a thing. But I'll continue to try —

that is the point. And at every dry point, I will be reminded Who is doing the work when it is done & Who is not doing it at that moment. Right now I wonder if God will ever do any more writing for me. He has promised His grace; I am not so sure about the other. Perhaps I have not been thankful enough for what has gone before.

The desires of the flesh — excluding the stomach — have been taken away from me. For how long I don't know but I hope forever. It is a great peace to be rid of them.

Can't anyone teach me how to pray?

11/11

How hard it is to keep any one intention any one attitude toward a piece of work any one tone any one anything. I find a certain peace in my soul these days that is very fine - lead us not into temptation. The story level, bah. Work, work, work. Dear God, let me work, keep me working. I want so to be able to work. If my sin is laziness I want to be able to conquer it. & I looked back over some of these entries.

1/2/47

No one can be an atheist who does not know all things. Only God is an atheist. The devil is the greatest believer & he has his reasons.

1/11/47

Can we ever settle on calling ourselves mediocre - me or myself? If I am not this or that that someone else is, may I not be something else that I am that I cannot yet see fully or describe? I go back, and

↗ St. Thomas

Rousseau has it that the Protestant has to think; the Catholic to submit. It is presumed I suppose that ultimately the Protestant has to submit; but the Catholic never to think, i.e., about the nature of man's relation to God. This is interesting. Catholicism being a guide book to the only means of communication is worth submitting to in the Catholic's view. And all these doctrines which deny submission deny God. Hell, a literal hell, is our only hope. Take it away & we will become wholly a wasteland not a half a one. Sin is a great thing as long as its recognized. It leads a good many people to God who wouldn't get there otherwise. But cease to recognize it, or take it away from devil as devil & give it to devil as psychologist, and you also take away God. If there is no sin in the world there is no God in heaven. no heaven.

There are those who would have it that way. But even among the literary now it is becoming popular to believe in ~~there~~ God. There is a certain shocking something about it. But Catholics have to think certainly - as far as they are able - or as far maybe as they want to only. Me I have to in an attempt to do this am I trying to shock with God? Am I trying to push Him in here violently, feet foremost? Maybe that's alright. Maybe if I'm doing it its all right? Maybe I'm mediocre. I'd rather be less. I'd rather be nothing. An imbecile. Yet this is wrong. Mediocrity, if that is my scourge, is something I'll have to submit to. If that is my scourge. If I ever find out will be time to submit. I will have to have a good many opinions.

1/25/47

The majesty of my thoughts this evening! Do all these things read alike as they seem to? They all send a faint nausea thru me — albeit they were sincere at the time & I recant none of my articles of faith. This evening I picture theoretically myself at 70 saying it's done, it's finished, it's what it is, & being no nearer than I am. This moral torpitude at 70 won't be tolerable. I want a revolution now, a mild revolution, something that will put a worn 20th cen. acesticism into me at least when I pass the grocery.

The intellectual & artistic delights God gives us are visions & like visions we pay for them, & the thirst for the vision doesn't necessarily carry with it a thirst for the attendent suffering. Looking back I have suffered, not my share, but enough to call it that but there's a terrific balance due. Dear God please send me Your Grace.

4/19/47

I must write down that I am to be an artist. Not in the sense of aesthetic frippery but in the sense of aesthetic craftsmanship; otherwise I will feel my lonliness continually like this today. The word craftsmanship takes care of the work angle & the word aesthetic the truth angle. Angle. It will be a ~~continual~~ life struggle with no consumation. When something is finished, it cannot be possessed. Nothing can be possessed but the struggle. All our lives are consumed in possessing struggle but only when the struggle is cherished & directed to a final consumation outside of this life is it of any value. I want to be the best artist it is possible for me to be, under God.

I do not want to be lonely all my life but people only make us lonlier by reminding us of God. Dear God please help me to be an artist, please let it lead to You.

5/4

To maintain any thread in the novel there must be a view of the world behind it & the most important single item under this view of world is conception of love — divine, natural, & perverted. It is probably possible to say that when a view of love is present — a broad enough view — no more need be added to make the world view.

Freud, Proust, Lawrence have located love inside the human & there is no need to question their location; however, there is no need either to define love as they do — only as desire, since this precludes

Divine Love, which, while it too may be desire, is a different kind of desire — Divine desire — and is outside of man and capable of lifting him up to itself. Man's desire for God is bedded in his unconscious & seeks to satisfy itself in physical possession of another human. This necessarily is a passing, fading attatchment in its sensuous aspects since it is a poor substitute for what the unconscious is after. The more conscious the desire for God becomes the more successful union with another becomes because the intelligence realizes the relation in its relation to a greater desire & if this intelligence is in the process the motive power in the desire for God becomes double & gains in becoming God-like. The modern man isolated from faith, from raising his desire for God into a conscious desire, is sunk into the position of seeing physical love as an end in itself. Thus his romanticizing it, wallowing in it, & then cynicizing it. Or in the case of the artist like Proust of his realizing that it is the only thing worth life but seeing it without purpose, accidental, and unsatisfying after desire has been fulfilled. Proust's conception of ~~desire~~ could only be that way since he makes it the highest point of existence — which it is — but with nothing supernatural to end in. All sinks lower & lower in the unconscious, to the very pit of it, which is Hell. Certainly hell is located in the unconscious even as the desire for God is. The desire for God may be in a super consciousness which is unconscious. Satan fell into his libido or his id whichever is the more complete Freudian term

Perversion is the end result of denying or revolting against supernatural love, descending from the unconscious superconsciousness to the id. Where perversion is disease or result of disease, this does not apply since no free will operates. The sex act is a religious act & when it occurs without God it is a mock act or at best an empty act. Proust is right that only a love which does not satisfy can continue. Two people can remain "in love" — a phrase made practically useless by stinking romanticism — only if their common desire for each other unites in a greater desire for God — i.e., they do not become satisfied but more desirous together of the supernatural love in union with God. My God, take these boils + blisters & warts of sick romanticism

5/35

me the last thing out. It was worthy
of me all right; but not worthy of what
I ought to be. Bloy has come my way.
The awful thing is that we *can* go back
to ourselves being ourselves after reading
him. He is an iceburg hurled at me
to break up my Titanic and I hope my
Titanic will be smashed, but I am
afraid it takes more than Bloy to destroy
the age in us — the age is The Fall still
I suppose and certainly Original Sin
in us. Conquer it but can't throw
it off, fight it and maim it but never
kill it. It is hard to want to suffer, I
presume Grace is necessary for the want.
I am a mediocre of the spirit but there
is hope. I am at least of the spirit and
that means alive. What about these

dead people I am living with; what about them? We who live will have to pay for their deaths. Being dead what can they do. It is for them, I presume, that the saints died. No, the saints died for God and God died for the dead. They didn't have to submit to God's indignity. No one can do again what Christ did. These modern "Christs" pictured on war posters + in poems — "every man is Jesus; every woman Mary" would have made Bloy retch. The rest of us have lost our power to vomit.

9/22 and Bloy again. It should be a great instigator of humility in me that I am so lukewarm as to need Bloy always to send me into serious thought — and even then it is not sustained very long. The summer was very arid spiritually & up here getting to go to Mass again everyday has left me unmoved — thoughts awful in their pettyness & selfishness come into my mind even with the Host on my tongue. Maybe the Lord had pity on me and sent me wandering down the stacks to pick up Pfleger on Bloy & Péguy and some others. It is terrible to think of my unconsciousness when I really know. Too weak to pray for suffering, too weak even to get out a prayer for anything much except trifles. I don't want to be doomed to mediocrity in my feeling for Christ. I want to feel. I want to love. Take me, dear Lord, and set me in the direction I am to go. My Lady of Perpetual Help, pray for me.

9/23

Dear Lord please make me want You. It would be the greatest bliss. Not just to want You when I think about You but to want You all the time, to think about You all the time, to have the want driving in me, to have it like a cancer in me. It would kill me like a cancer and that would be the fullfillment. It is easy for this writing to show a want. There is a want but it is abstract and cold, a dead want that goes well into writing because writing is dead. Writing is dead. Art is dead, dead by nature, not killed by unkindness. I bring my dead want into the place the dead place it shows up most easily, into writing. This has its purpose if by God's grace it will wake another soul, but it does me no good. The "life" it receives in writing is dead to me, the more so in that it looks alive— a horrible deception. But not to me who knows this. Oh Lord please make this dead desire living, living in life, living as it will probably have to live in suffering. I feel too mediocre now to suffer. If suffering came to me I would not even recognize it. Lord keep me. Mother help me.

9/24

Giving one Catholicity, God deprives one of the pleasure of looking for it but here again He has shown His mercy for such a one as myself and for that matter for all contemporary Catholics who, if it had not been given, would not have looked for it. It is certainly His provision for all mediocre souls — a tool for us. For Bloy's statue it is — how to call it? God on earth? God as nearly as we can get to Him on earth. I wish only that I were one of the strong. If I were that less would have been given me and I would have felt a great want, felt it and struggled to consummate it, come to grips with Christ as it were. But I am one of the weak. I am so weak that God has given me everything, all the tools, instructions for their use, even a good brain to use them, a creative brain to make them immediate for others. God is feeding me and what I'm praying for is an appitite. Our Lady of Perpetual Help, pray for me.

9/25

What I am asking for is really very ridiculous. Oh Lord, I am saying, at present I am a cheeze, make me a mystic, immediately. But then God can do that — make mystics out of cheezes. But why should He do it for an ingrate slothful + dirty creature like me. I can't stay in the church

to say a Thanksgiving even and
as for preparing for Communion
the night before — thoughts all
elsewhere. The rosary is mere rote
for me while I think of others and
usually impious things. But
I would like to be a mystic and
immediately. But dear God
please give me some place, no
matter how small, but let me
know it and keep it. If I am
the one to wash the second step
everyday, let me know it and
let me wash it and let my heart
overflow with love washing it. God
loves us, God needs us. My soul too.
So then take it dear God because
it knows that You are all it
should want and if it were

wise You would be all it would want and the times it thinks wise, You are all it does want, and it wants more and more to want You. Its demands are absurd. It's a moth who would be king, a stupid slothful thing, a foolish thing, who wants ~~the~~ God who made the earth, to be its lover. Immediately. If I could only hold God in my mind. If I could only always just think of Him.

9/26
My thoughts are so far away from God ~~He~~ might as well not have made me. And the feeling I egg up writing here lasts approximately a half hour and seems a sham. I don't want any of this artificial

superficial feeling stimulated by the choir. Today I have proved myself a glutton — for both oatmeal cookies and erotic thought. There is nothing left to say of me.

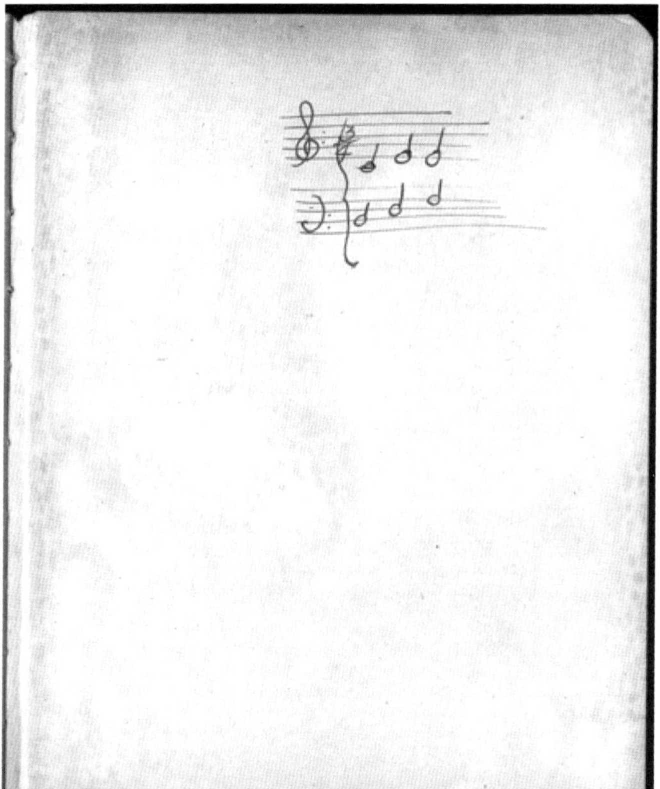

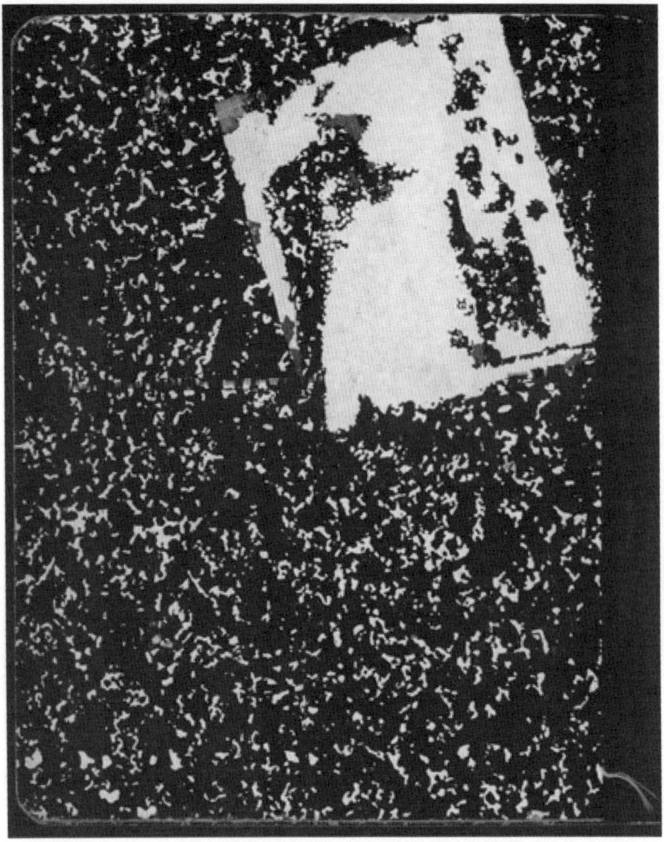

Você poderá interessar-se também por:

Alegoria do Amor apresenta mais uma das faces do autor de *As Crônicas de Nárnia*. Além de escritor e teólogo popular, C. S. Lewis foi um acadêmico erudito dedicado ao estudo da literatura. Neste brilhante ensaio, o autor estuda as obras alegóricas que marcaram, na literatura inglesa, a virada da Idade Média para o Renascimento.

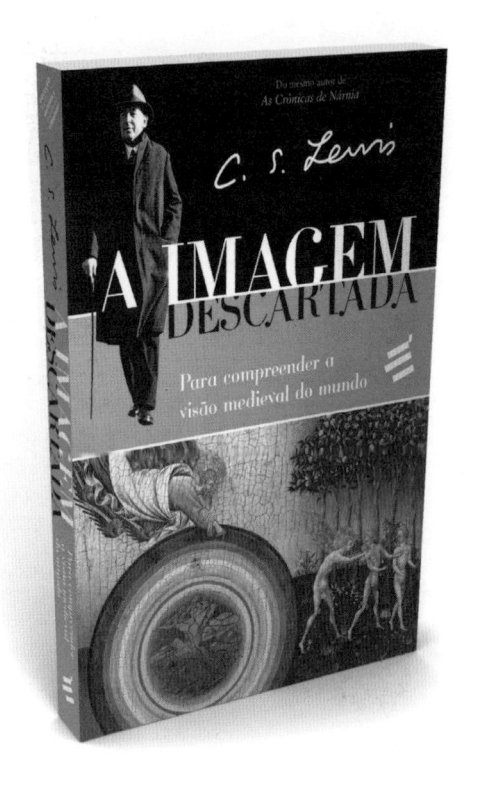

Uma reunião de conferências proferidas por C. S. Lewis na Universidade de Oxford. Trata-se de uma obra de suma importância para aqueles que pretendem compreender o imaginário medieval – e assim aprofundar-se no estudo da literatura, da filosofia ou mesmo da história da Idade Média –, mas também para aqueles que desejam conhecer as fontes, os métodos e o modelo por trás da ficção do próprio C. S. Lewis.

Este clássico é um comentário sobre a natureza da arte e também uma análise brilhante das doutrinas fundamentais do cristianismo. Entre as ideias que Sayers examina encontram-se a imagem de Deus, a Trindade, o livre-arbítrio e o mal, e das páginas desse livro emerge uma maneira inteiramente nova e revitalizada de entender tais ideias. A autora encontra a chave desse entendimento nos paralelos entre a criação de Deus e o processo criativo humano.

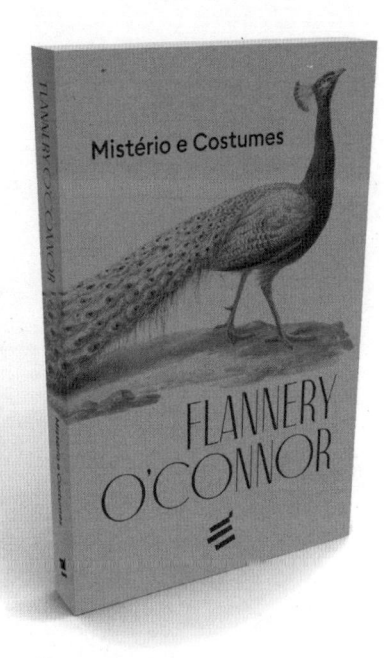

Quando morreu em 1964, Flannery O'Connor deixou um conjunto de ensaios e conferências inéditos bem como uma série de artigos críticos que haviam sido publicados de maneira esparsa durante sua vida. Os textos presentes em *Mistério e Costumes* — selecionados e editados por Sally e Robert Fitzgerald, amigos da autora durante toda a sua vida — são caracterizados pela ousadia e simplicidade de estilo, por um humor refinado, pela lucidez e pela fé profunda.

O livro começa com "O rei dos pássaros", o famoso depoimento de O'Connor sobre a criação de pavões em sua casa em Milledgeville, Georgia. Há três ensaios sobre a escrita regional, incluindo "O escritor de ficção e seu país" e "Alguns aspectos do grotesco na ficção sulista"; dois sobre o ensino de literatura, incluindo "O efeito global e a oitava série"; e quatro sobre o escritor e a religião, incluindo "O romancista católico no Sul protestante". Ensaios como "A natureza e o objetivo da ficção" e "Escrevendo contos" são verdadeiras joias. Seu valor para o leitor contemporâneo — e também para o escritor — é inestimável.

facebook.com/erealizacoeseditora   twitter.com/erealizacoes   instagram.com/erealizacoes

youtube.com/editorae   issuu.com/editora_e   erealizacoes.com.br

atendimento@erealizacoes.com.br